諷詩調詩集 · 53

풍諷계戒집集 · 20

박진환 제71시집

지성 · 감성의 메타언어
조선문학시인선 · 389

諷詩調詩集 · 53

풍諷계戒집集 · 20

조선문학사

■ 책머리에

풍시조(諷詩調)는 정서나 관념에서 일탈, 시대·현실을 직시하는 견자(見者)의 미학이다.

2014년 初夏

박 진 환

박진환 제71시집 / 諷詩調詩集 · 53

풍諷계戒집集 · 20

차례

자가 진단해 봤으면

세월호 비극도 세월에 실려 보내고
뜨거웠던 선거열기도 신록의 삽상한 바람으로 식히고, 식힌 이마
랜트켄 삼아 모두들 앓는 시대의 암이나 자가 진단해 봤으면

차지될 수도

선거로 본 지역성 판도 크게 달라졌데
그중에서도 충청권 정치의식 높이 사 상찬감
그러다 정치 1번지 충청도 차지될 수도

것이어서

눈물과 읍소가 정책이나 공약보다 약발 잘먹혀
6·4 지방선거 그 약발 때문에 집권당 죽지 않았거든
헌데 눈물이란 게 가장 빨리 말라버리는 것이어서 약발 이어질지

상하게 하는 수도

눈물로써 하소연하는 읍소, 연애할 때만 특효약인줄 알았더니
아니었어, 선거에서도 약발 중 약발 센 특효약이었어
헌데 약발이란 게 쓰다보면 면역돼서 위장만 상하게 하는 수도

고재밖엔 없으니

행정부를 안행부로 바꿀 만큼 안전이 제1의인 코리아, 헌데 안행부
행정안전부로 도루묵 되고, 이제는 국민과 함께 국가 안전 우선인데
중·소·미·일의 강대국 틈새 빠져나갈 길은 고재밖엔 없으니

※ 고재(高哉) : 높고 험난한 산길을 이름.

표 던져줬거든

앵그리맘 표심 행방불명 두고 궁금증 증폭했었는데
실종도, 행방불명도 아닌 제대로 한 표씩 행사 했어
여도, 야도 아닌 교육현실 심판하며 진보교육감에게 표 던져줬거든

견자도 있었네

6·4 지방선거, 지역주의 타파는 못했어도 미래는 봤다고?
미래는 누구의 것도 아닌 오직 신의 것일 따름이라던데
그걸 보다니, 백목에 사시뿐일 줄 알았더니 견자도 있었네

꿇는 법과 우는 법의 지혜

무릎 꿇고 우는 법 배워 두는 것도 삶의 지혜, 눈물로는 달랠 수 없는
슬픔으론 다 적셔낼 수 없는 가슴이나 이마로 길을 내어
가슴으로 걷는 이만이 동행할 수 있는 꿇는 법과 우는 법의 지혜

반당 무리 될 밖에

참 엉뚱들 하셔, KBS 길사장 해임사유 '방송독립성 침해'가 정사운데
'직무수행능력 상실'이라고? 둘 다가 해임사유 돼야 합당한데
그 반인 한쪽 짜고치는 고스톱으로 꾸몄으니 억지춘향, 반당무리 될밖에

※ 반당(伴党) : 같이 어울려 다니는 동류를 이름.

그거 아니던가

입시경쟁 · 사교육 물리치고 공교육 · 인성교육 · 시민교육 지지가
창조경제니 국개론이니 신자유주의보다 더 잘 먹힌 국민공감대
앵그리맘 맘 합쳐 진보교육감 뽑은 이유 괄구마광이 그거 아니던가

※ 괄구마광(刮垢磨光) : 사람의 흠을 없애고 선행의 빛을 내도록 한다는 뜻으로 인재를 길러내는 교육의 중요성을 뜻함.

안 마르고 갈지

눈물·읍소로 반타작한 여 명맥 유지한 선거결과
한 번은 통하지만 두 번은 할 짓도 해서도 안 되는 눈물작전
눈물처럼 빨리 말라버린 것이 없다던데 7월까지 안 마르고 갈지

재앙 아니던가

낙동강 전역에 맹독성 남조류가 급속 확산 조짐 보 때문이라던데
남조류와 녹조로 강물 오염시키면 악취에 맹독성 발암 원인까지
돈 처발라 막은 보에 갇힌 생명위기, 흘러야 할 강 막은 재앙 아니던가

경제는 죽어

5만원권 지폐 발행 초기 지하경제 악용 우려 현실로 드러나
안전자산 선호경향에다 저금리정책으로 현금보유 성향 때문
지하가 저승 아니던가, 허니 지하로 들어가면 돈은 살고 경제는 죽어

법이 많아진다던데

입법예고 된 '다중인명피해범죄특례법', 골자는 최고 형량 100년
일벌백계 차원의 특례법 이해 못하는바 아니지만
나라가 부패하면 할수록 이에 비례 법이 많아진다※ 던데

※ 로마의 역사가였고 웅변가였던 P. C. 타키투스의 말.

이를 말해주거든

6·4 지방선거 반타작으로 혹여 나랏님 안도하지나 않을지
눈물과 읍소의 효과는 한 번뿐, 두 번은 안 통해
승리 자축지역 경기·인천·부산의 박빙이 이를 말해주거든

말도 있어서

공약도, 정책도 아닌 눈물과 '대통령을 지켜 달라'는 읍소의 효과는
선거와 함께 유효기간이 끝났다, 감정도 함께 소멸하기 때문
믿거나 말거나 '여자의 눈물에 속지 말라※'는 말도 있어서

※ 도스토예프스키가 한 말.

정답

6·4 지방선거의 교훈은? 문제풀이에 나선 훈장선생님 진보당 점수는

정치에는 0점, 교육에선 만점, 영점이건 만점이건

정치적 여도 야도 아닌 민의 반영한 시대정신 '혁신교육'이 정답

7월 선거여야

끝난게 아닌 지금부터 시작인 선거, 선거도 싸움이니 승부 겨뤄야
눈물이 아닌 읍소는 더욱 아닌 국민에 의한 심판
6월 선거처럼 무승부가 아닌 건곤일척의 당당한 7월 선거여야

※ 건곤일척(乾坤一擲) : 죽느냐 사느냐, 마지막 운명을 걸고 승부를 겨룸.

있으니

여 · 야, 이구동성으로 하는 말 '낮은 자세', '낮은 자세'
이제야 정치 철든 모양, 국민 높이 보면 낮은 자신들도 보여
헌데 어쩐다, 높이 볼 줄도 낮출 줄도 모르는 이들도 있으니

역사거든

총격 · 총격 · 또 총격, 미국 뉴스의 단골 메뉴가 그래
피로 정복한 혈통 때문일까? 피 즐기는 패권주의 때문일까
그래 그래 패권주의의 혈통이 피로 쓴 역사거든

영 다르다

선거로 본 지형도, 여적 · 야청의 분포가 태극문양 같다
빛깔만이 아닌 민의의 선택도 표출도 흡사하다
흡사면 거의 같음인데 빛깔관 달리 청 · 적이 정적처럼 영 다르다

금가기 마련인데

남 · 북은 관두고 영 · 호남, 젊은 20대와 늙은 60대, 거기에 앵그리맘까지

그뿐이면 좋게, 보수와 진보의 대립 · 갈등까지, 맘 따로 생각 따로

따로 따로 따따로면 금으로는 땜질 못하는 금가기 마련인데

투석전 못 면할 듯

6·4 선거평, 잘 싸웠다는 자평들과 함께 판정은 무승부
이석격석의 한판 힘겨루기는 7월 보선으로 넘어간 셈
이번엔 탄환보다 무섭다는 투표지 돌멩이 되어 투석전 못 면할 듯

※ 이석격석(以石擊石) : 돌로 돌을 친하 함이니 힘이 거의 같음을 뜻함.

우는 법 배워둘 일이다

눈물 · 읍소로 가슴 적셔 응어리진 민초들 마음 녹여주던데
울어도 울어도 제마음 하나 적셔 녹여내지 못하는 피눈물
피에 물이 섞였거나, 우는 법이 설었던 모양, 우는 법 배워둘 일이다

그러하지 않던가

시멘트를 잘 섞고 이겨 쇠손으로 벽을 바른다, 모래보다 거친
돌멩이 하나만 섞여도 거부하는 벽면, 흡사 시 쓰기와 같다
섞이지 않아야 할 언어가 끼어들면 시 또한 그러하지 않던가

이제사 알다니

백성 무서운 줄 이제 알았나, 민심이 곧 천심
천심이 곧 민심이니 하늘 높은 줄 알았어야, 백성들은 진작에
알고 살았는데 '낮은 자세' 운운하며 정치권 이제사 철들어 알다니

국개론만

교육감 17개 시·도 중 13곳 진보교육감이 차지
국개론보다 교육을 통한 인성개조론 들고 나온 앵그리맘들의 혁명
정치보단 교육이란 자각, 헌제 자과부지 못 면한 정치는 국개론만

※ 자과부지(自過不知) : 흔히 사람은 자기의 과실을 스스로 깨닫지 못하는 법이라는 말.

앵그리맘의 선택

여권과 언론, 진보교육감 진출 부정일색, 교육감 누가 뽑았나?
국민 아니던가, 헌데 민의를 부정? 오죽 정치 불신 컸으면
교육혁신 밀고 나왔겠나, 현명해라 앵그리맘의 선택

밝혀서지

여 · 야, 이번에도 국민의 뜻 못 읽으면 정치 독본 다시 배워야 해
나랏님도 정치와 통치 제대로 알고 국민 뜻 받들어야 해
해, 해가 달리 해겠나, 그래야 뜨는 해로 정치 먹구름 밝혀서지

짐승이 되는 것을

굶주린 짐승은 주린 배를 채우기 위해 목숨을 걸지
목숨을 건 싸움에선 이기기 위해 필사적이지, 짐승뿐이랴
정치에 굶주리면 인간도 공복 채우기 위해 짐승이 되는 것을

잡히나

열 사람이 지켜도 한 사람의 도둑을 못 지킨다더니
내로란 검·경 체포조 1백여 명 동원에도 오리무중인 유병언
신출귀몰이라던데 마른 강물에 그물치기니 없는 고기가 잡히나

팔리겠다

7월 태풍 아닌 선거 열풍, 열병께나 퍼지겠다
도진 열병이란 게 염병과 다르지 않아서
더위 먹은 가슴들 식히려면 아이스크림께나 팔리겠다

믿음 아니던가

한국인 상대 못 믿겠다 83%, 일본은 73%
내가 나를 못 믿는데 하물며 어찌 상대를 믿겠는가
이 물신의 시대에 돈밖엔 믿을게 없음이니 물신 말고 뭘 믿겠가

하나님 처방전

독주 · 독선 · 독식 · 독신, 독자 들어갔다 하면 해독제가 없는 독약
약으론 못고치는독, 동의보감에는 처방전 없으나 하나님 처방전은 있지
'사람은 혼자 처함이 안좋으니 내가 그를 위해 돕는 배필을 지으리라'

약이겠지요

진도, 진도, 진도 자만 입에 담아도 세월호 참사 상처 도진다
진도와 도진
진도로 도진 상처, 세월이 병이었으니 세월이 약이겠지요

강도들이어서

정상이 비정상에 먹히고 법이 불법에 먹혀 먹고 먹히는 세상
안 먹히려면 정상으로 울타리치고 법으로 문 걸어야 하는데
비정상과 불법이란 놈은 담 넘고 문 따고 들어오는 강도들이어서

불평등일 밖에

남북 이데올로기 양극화에, 정치 양극화와 소득 양극화
평등은 민주주의의 가장 소중한 원리라던데
양극화의 틈새에 끼어 평등이 싹을 틀 수 없으니 불평등일 밖에

꼴찌 신세여서

코리아 GDP 세계 15위, 헌데도 6명중 1명은 연수입 1천만원 미만
거기다 4가구 중 1가구는 수입보다 지출이 많아 적자 생계
GDP 세계 15위면 부국인데 백성들의 삶은 꼴지 신세여서

낮고 작은 것도 알아야

DK, TK 따져 뭘해, PT 뒤의 K가 뭔가? King이지
왕이 누구인가? 짐이 곧 국가인데 누구 말을 들어?
외외탕탕을 부정할 수야, 허니 높고 크면 낮고 작은 것도 알아야

※ 외외탕탕(巍巍蕩蕩) : 높고 높다는 뜻으로 왕도의 높고 큼을 이름.

병신아

'지금은 운전중, 운전이 끝나면 회의, 회의가 끝나면 영화관에 감' 메일 핸드폰에 뜨는 문자 메시지, 미친것엔 미친놈만이 알고 있는 즐거움이 있다던데 미친짓을 즐거움으로 알다니 狂郎病, 병신아

국민 된 힘이다

국가가 무엇을 할 것인가에만 의존하는 국민은 국가에 지배된다
국가를 위해 무얼 할 것인가를 자각한 국민에겐 국가가 지배된다
지배란 통치의 힘이 아닌 통치로부터 자유롭고자한 국민된 힘이다

궁금

무승부 6·4 지방선거, 7월 보선으로 승부수 던질 모양
항우·유방에 제갈량, 조조까지, 병법이란 병법 다 동원될 듯
눈물과 읍소로 챙긴 무승부, 이번엔 어떤 병법 동원할지가 궁금

필요할 듯

국가의 운명은 청년의 교육에 달려 있다는 아리스토텔레스의 말씀
진보교육감 어깨에 짊어진 국가의 운명 비로소 그 무게 실감, 그나마
앵그리맘의 저울추에서 나왔다니 청년 아닌 국민 재교육 필요할 듯

악과도 형제뻘

불공평 · 불균형 · 불일치 · 불평등은 양극화 산물
불평 · 불만 · 불통 · 불신은 코리아의 불자표 전매특허품
KS 마크가 이러하거니, 不은 否와도 사촌지간, 惡과도 형제뻘

왜 이 말이 떠오르지

국민검찰이 아닌 정치검찰 오명, 척도의 눈금 달리하기 때문
입법자든 혁명가든 평등과 자유를 동시에 약속하는 자는
공상가가 아니면 사기꾼이라던데, 왜 이 말이 떠오르지?

개악 못 면하지

지방선거 진보교육감 석권에 여 교육감 직선제 폐지 주장
직선제 아니면 인명제인데, 허면 교피아 양산하잔 뜻
불리하면 법부터 고치려는 역발상, 허니 개악 못 면하지

건널목도 못 건너

5 · 18, 6 · 10 민주항쟁 기념식도 정부 따로 민간 따로
따로 따로 따따로면 민주화에 금 갔단 신호
신호란게 청신호면 좋은데 적신호면 민주주의 건널목도 못 건너

소인유리라 하지 않겠는가

검찰 정권 봐주기 도를 넘었다는 비판 비등
度를 넘었으니 道를 역행했음이다, 안 넘음만 못한 度에
거꾸로 걷는 道이니 어찌 소인유리라 하지 않겠는가

※ 소인유리(小人喩利) : 군자는 정의를 표준으로 하고 소인은 이익을 표준으로 한다는 군자유어의(君子喩於義) 소인유리(小人喩利)란 논어에 나오는 말.

그것이 문제로다

노후원전, 사고원전, 비리원전, 은폐원전이란 오명투성이
고리 1호기, 퇴역이냐 현역유지냐 놓고 세계 5위 원전 입국
코리아의 고민, 신자유주의냐? 미래지향주의냐? 그것이 문제로다

바보 못 면해

남이야 어찌 됐건, 나만 잘먹고 잘입고 잘쓰고 잘살면 그만인
자신의 욕망충족을 미덕으로 아는 신자유주의의 신봉시대
가학의식의 유아지탄 덕목으로 알면 현인 아닌 바보 못 면해

※ 유아지탄(由我之歎) : 나로 말미암아 남에게 해가 미칠 것을 걱정함.

그게 개악 아니던가

세상의 변함을 따라 함께 변하는 일을 일컬어 여세추이라 한다
진보교육감 선택도 시대적 요청의 반영, 헌데 직선제로 고치자고?
유리하면 챙기고 불리하면 고친다, 그것이 개악 아니던가

※ 여세추이(與世推移) : 세상의 변화를 좇아 함께 변함을 일컬음.

헌신짝 신세 되거든

한국인 국가개조보다 인성개조에 더 관심이 있는 듯
진보교육감 싹쓸이, 정치개조보다 교육개조 관심표명 아니던가
아무리 법 개조해도 인간이 안 변하면 개조만 헌신짝 신세 되거든

악수 같기도 하고

손을 잡고 흔드는 화해의 악수도 있고, 잘못 선택한 술수 惡數도 있다
총리인선, 어찌 보면 충청권과 악수 같기도 하고, 또 어찌 보면
책임총리이기엔 함량이 저울질 되는 惡數 같기도 하고

써 있던데

박근혜를 '그녀', '마법사', '신의 축복' 등으로 말 바꾸기 달인 과시
한 입으로 두 말하면 어찌 열 말인들 못하겠는가마는
군자는 말이 적고 소인은 말이 많다고 예기엔 써 있던데

그러하지 않은가?

검찰, '2007년 남북정상회담회의록' 두고 야권엔
'대통령기록물법', 여권엔 '공공기록물법'이란 두 잣대 적용
법이 무시된 곳에 전례가 생긴다던데 두 잣대가 그러하지 않은가?

정치 몸살 앓이여서

축구가 종교일 만큼 축구광국 브라질이 월드컵을 앞두고 몸살
'우리는 축구공을 뜯어먹고 살 수 없다', '경기장 대신 학교를 지어라'
페널티킥, PK 막지 못한 코리아도 축구 아닌 정치 몸살 앓이여서

방언 같더니

'창조경제'란 말 쓴 원조가 박원순 시장이었다고?
어쩐지 출처 족보가 불분명하더니 그랬었구먼, 허긴
같은 종씨니 족보 따져 뭣하랴만 어쩐지, '창조'란 말 방언 같더니

소가 웃겠네

어느 저명 목사님 "박근혜대통령이 눈물 흘릴 때 함께 눈물 흘리지
않은 사람은 모두 다 백정이다"고 했다던데, 소가 웃겠네
저러다 우답불파의 신앙과 명예에 금이나 안 갈지

※ 우답불파(牛踏不破) : 소가 밟아도 안 깨진다 함이니 사물의 견고함에
비유한 말.

동티날라

노인이 폐지수거 해다 판다고 구청에서 수입 조사 나왔다던데
폐지란 게 수입운운 차원이기엔 구린내 못 면한 돈이어서
그 구린내를 맡으려고 조사라니, 아서라 동취 아닌 동티날라

말해줌이 아니던가

이제 민주항쟁기념식마저 정부 따로 민주화운동 주역들 따로
따로 따로 따따로면
민주주의 걸음마도 제대로 못함을 말해줌이 아니던가

※ 따로 따로 따따로 : 어린아이가 처음으로 따로 서기를 익힐 때에 어른이 붙들었던 손을 떼려고 하면서 부르는 소리.

남아돌아서

총리지명자 자질 · 도덕성 · 국정운영능력 따지던데

한 가지도 아니고 세 가지 문제점 지적이면 함량미달이란 뜻?

세 함량은 부족해도 말 바꾸기 함량은 넘쳐 남아돌아서

수인 신세

인간의 의식을 망상·욕망·의도의 잡거처, 몽상의 단지
사고의 소굴이라던데, 거처, 단지, 소굴의 주인 코리언 의식 속엔
아버진 돈, 어머닌 자식교육, 아이들은 그 속에 갇혀 사는 수인 신세

귀신도 곡할 노릇

유병언 체포작전에 육·해·공군은 물론 검·경까지 동원
기는 놈 위에 나는 놈이라더니 신출귀몰보다 한수 더 뜬 투명인간
귀신도 모습을 보이는데 인간을 볼 수 없다니 귀신도 곡할 노릇

설득력 지닐 듯

대형사고 맡을 검찰 아닌 '독립조사위' 신설 주장, 일리 있을 듯
증거조작, 정권 봐주기, 불공정 편파수사 등 불신 불식시키기 위한
'독립조사위' 신설안, 제이면령보다도 더 설득력 지닐 듯

※ 제이면령(提耳面令) : 귀를 끌어당겨 면전에서 명령을 내린다는 뜻으로
사리를 깨닫도록 타이름을 뜻하는 시경에 나오는 말.

신식 것이거든요

법은 가난한 자를 학대하고 부자는 법을 지배한다
한번 바꿔볼까요, 법은 약자를 학대하고 강자는 법을 지배한다
골드스미드 선생, 선생 것은 옛것, 뒤엣것은 신식 것이든요

뭘 모르셔

법은 만인에게 평등하다고요? 만인이 울것소
말은 그러하고 실제론 그러하지 않거든요
약자에겐 강하고 강자에겐 약한 것이 법이거든요, 뭘 모르셔

법이거든요

'법은 만인에게 평등하다'는 법 정신이고
정신 아닌 육체는 테러차원의 폭력을 행사하거든요
두 개의 평화스런 폭력, 법률과 예의 법도 중 그 하나가 법이거든요

대로행 아니던가

새치기, 추월하기, 가로지르기, 지름길로의 행보는 점잖지 못하다

더디고, 팍팍하고, 수고스러워도 흔들림 없이 서두름 없이 내딛기가

좇아서는 안 될 길 잘못 내디딘 헛발질보다야 대로행 아니던가

길다운 길 아니던가

마음 하나 벗해 동행하며 한발짝 또 한발짝 내딛는 행보
비록 느리고 더뎌도 길은 가까운데 있다, 그런데도 이것을
먼데서 찾는다는 공자의 말씀 좇는 길다운 길 아니던가

어느 길을 걷고 있는가

길은 길인데 가서는 안되는 길이 있고, 가지 않아서는 안되는 길도 있다 앞의 길은 이기의 길이고 뒤의 길은 이타의 길이다, 묻노니 당신은 지금 독선기신의 길을 걷고 있는가? 공선기신의 길을 걷고 있는가

※ 독선기신(獨善其身) : 남이야 어찌되든 자기만 잘되면 그만이라는 뜻.

※ 공선기신(共善其身) : 독선기신의 반대어로 자기만이 아닌 공동의 선을 의미하는 일종의 조어.

귀신놀음이던가

세모 거꾸로면 모세, 모세하면 강물 갈라진 기적
세모 유병언 이미 모세 기적 일으켜 강 건너간 건 아닐지
세인들 신출귀몰이라던데 구원이 어디 귀신놀음이던가

덕 지녀야

총리지명자 '책임총리'란 말 처음 들어봤다던데
그렇게 귀가 먹어서야 어찌 국민의 말인들 들을 수 있겠는가
구시상인부와 함께 귓문도 넓히는 덕 지녀야

※ 구시상인부(口是傷人斧) : 입은 말을 잘못하면 그 사람을 망치는 도끼와 같다 함이니 말조심을 경계하는 말.

피라미들만

금수원 수색 허탕으로 실패라는 결론
군·검·경 6천명 동원해 고작 6명 체포라니
1천명이 1명꼴, 그나마 월척이라곤 없는 피라미들만

어쩌

총리지명자 청문회보다 먼저 언론에 뭇매
목탁도 매가 되면 몽둥이질 저리 가라인데 거기다
'책임총리'란 말 처음 들었다니 목탁귀까지 어두우면※ 어쩌

※ 절에서 끼니 때가 되면 밥 먹으러 오라고 목탁을 치는데서 온 말로 먹으러 오라는 소리를 잘 들어야 한다는 목탁귀가 밝아야 한다는 말에 반대되는 말..

닮다니요

미국 기상 특허품 토네이도, 우리식으론 용오름 현상
용이 오르긴, 나랏님 정사 잘못하면 용이 꾸짖는다는 성호선생님
아무리 미국 것이 좋다고 해도 회오리바람까지 닮다니요

입・귀가 성하지 못한 듯

'게으르고 자립심 부족이 한민족 DNA 라고 민족비하 발언에
'일본식민지'와 '남북분단'은 하나님의 뜻이라고, 거기다
'책임총리'란 말 처음 들어봤다니, 아무래도 입・귀가 성하지 못한듯

몇 점이나 될지?

문창극 총리지명자, 서울대 초빙교수 때 수강생들 수강 평점
10점 만점에 3점에, 수업시간 '배우는 것 별로 없다'는 평가까지
궁금한 건 총리 취임하면 국정운영 점수는 몇 점이나 될지?

그래

300명 집회에 경찰 병력 그 20배인 6,000명 배치
거기다, 청와대 앞은 흡사 계엄령 상태라니 금성철벽 아니던가
돌로 된 성보다 사람으로 된 성이 가장 굳세다던데 '인의 장막'이 그래

※ 금성철벽(金城鐵壁) : 금으로 만든 성, 철로 된 벽이라 함이니 매우 굳고 든든한 성을 이름.

아편

한국 청소년 흡연율 미국의 2배 넘고 흡연 연령도 10~13세
담배를 일컬어 정신을 취하게 하는 煙酒, 피로를 풀어주는 煙茶
서로를 생각하시는 想思草라던데, 연주, 연다, 상사초가 이편과 같아서

문 있긴 있는데

북·일, 정상회담 개최될 것이란 전망 우세, 일이 극우니까
우세는 분명한데 남녘은 여직 노크도 못해봐서, 두드려라, 허면
열릴 것이다란 성경말씀, 남·북간에도 판문점이란 문 있긴 있는데

정승 지명자 같다

입에서 입으로 입소문으로 풍미되는 덕담의 말씀이 있는가 하면
衆口에 오르내리며 욕을 바가지로 먹는 말 같지 않은 소리도 있다
말씀은 군자, 소리는 소인의 몫이니 후자가 흡사 정승 지명자 같다

매가 서말이어서

언론의 뭇매에 이어 종교계의 사퇴론 제기까지
총리지명자 입 잘못 놀린 값 톡톡히 할 모양
입 잘놀린 값은 칭찬이 서말이고 잘못 놀린 값은 매가 서말이어서

안 끼얹을지

금수원 두더지 작전에도 유병언 흔적도 발견 못해
전국 반상회 열어 수소문까지 한다던데, 글쎄 모인 동네 사람들
수소문은커녕 되레 검찰 무능 욕바가지나 안 끼얹을지

교회에서 하는 게 아니거든

문창극 총리지명자 아무래도 종교철학에 문제 있는 듯
세상만사를 다 하나님의 뜻으로 풀이하다간 인간부재 못 면해
인간 없는 정부면 총리는 뭣에 써, 정친 교회에서 하는 게 아니거든

중세 못 면하다니

일제 36년도, 6·25도, 민족 수난사가 죄다 하나님 뜻이라고?
설혹 틀린 말 아닐지라도 지금은 중세가 아니거든
미래를 볼 줄 알고 열어가야 할 총리가 중세 못 면하다니

????????

모세의 기적인가? 세모의 기적인가? 아니면 귀신이 곡할 노릇인가?

혹여, 구원의 날개 달고 승천? 두더지로 변신, 땅속 잠행?

그도 아니면? 머리 깎고, 승복 입고, 목탁 들고 암자에? 누가 알아?

쯧쯧쯧

구겨진 검찰체면 100℃ 다림질로도 못 펴

구겨지다 못해 아예 찌그러져버린 처지, 명장 유기공도 못 펴

봐주기, 편파 수사 달인꼴이 저리 구겨지고 찌그러지다니, 쯧쯧쯧

히히히

기는 놈 위에 나는 놈, 나는 놈 흉내하다 떨어진 놈
떨어져 낙상한 놈, 낙상해 나자빠진 놈
나는 놈 유병언에 떨어져 낙상 못 면한 검찰이라니, 히히히

바다났다던데

차라리 안대희가! 衆口들의 입방아, 훨 안대희가
문창극 총리지명자 두고 빗대며 하는 말들이다
헌데 어쩐다, 박대통령 수첩에 적힌 명단 바닥났다던데

세상

악법이 법을 잡아먹듯 전관예우가 신관 잡아먹듯이
혀로 한 말이 입에 물려 이빨에 깨물려 피 흘리듯
세상 성한 것이 없으니, 성한 것이 되레 망가짐이 되는 세상

참사 풀이

세월호 참사, 장성요양원 참사, 총리인사 참사, 참은 眞, 진은 震 같은 소리값의 사는 죽을 死니 입벼락 맞아죽은 진사가 아니던가 백번을 시면, 소과 합격 進士라해도 대과 정승청문회는 합격 불가지

※ 진사(震死) : 벼락 맞아 죽음.

참사 맞거든

여·야에, 교계·언론계 심지어 위안부 모임까지 총리 불가론
오죽하면 인사 참사라 하겠는가마는 틀린 말 아닌 것이
역사인식, 민족의식, 국가비하 차원 언어 살인이면 참사 맞거든

애창극 안 될지

윤창중은 윤창·중창으로 衆口에 오르내리더니
문창극은 창극으로 참사조곡 돼 衆口嘈 되겠네, 그러다
싸이의 '강남스타일'처럼 세계 애창곡이나 애창극 안 될지

검찰 얼굴

꼭꼭 숨어라 머리카락 보일라
꼭꼭 숨었다, 무엇이 보이나?
보인다 보여, 웃는 유병언 얼굴 뒤에 숨은 찌그러진 검찰 얼굴

고성낙일 못 면하면

문 총리지명자 각계에서 사퇴 촉구에 자격 없다고 聲討
저러다 외침마다 흙으로 던져져 盛土 되면 금성철벽은 좋으나
어쩐다 聲討에 무너져 고성낙일 못 면하면

※ 금성철벽(金城鐵壁) : 금으로 만든 성, 철로 된 벽이란 뜻으로 성의 견고함을 이름.

※ 고성낙일(孤城落日) : 해가 지는 그곳에 오직 한 성이 있을 뿐이라 함이니 쓰러질 때가 얼마 남지 않았다는 뜻.

무너지는 중심축

소득 불평등에 밀려 중산층 무너져 가는 코리아
허니, 상·하 두 계층만 남아 양극화만 심화, 그래도 정책기조
대기업 성장·재벌특혜란 시효 지난 약발에 무너지는 중심축

들 수 있겠나

유병언 도피 조력자 체포 실패로 검·경 체면 구겼다고?
천만의 말씀, 체면 깎여 높았던 콧대 납작코 됐어
허니 어찌 벼룩이 낯짝인들 들 수 있겠나

이럴 수가

총리지명자 흠결 몰랐다면 무능과 부실, 알았다면 오만과 무신경
알았건 몰랐건 상관없이 밀어붙였다면 독선과 오만
'기춘대원군님', 왕자무친 아신다면, '부통령' 주제에 이럴 수가

가려 뽑는 것을

문 총리지명자 두고 당사자에겐 사퇴를, 지명자에겐 사과를 요구
편견에 함구에 솔구이발이면 언어폭력 차원 넘은 언어살인
일국의 정승자릴 맡기려면 대인군자도 가려 뽑는 것을

※ 솔구이발(率口而發) : 입에서 나오는 대로 함부로 말을 함.

※ 대인군자(大人君子) : 인자함과 덕을 갖춘 인물.

포위 못 면할 판

문 총리지명자, 친일 발언, 민족비하 발언 사과 거부에
여서도 사퇴촉구에 야에선 청문회 보이콧까지
이쯤이면 사면초가, 초가 아닌 푸른 기와집도 포위 못 면할 판

•

박진환 시인은 전남 해남 출신으로 동국대 국문학과를 거쳐 중앙대 대학원을 졸업(문학박사)했다. 1960년 동아일보 신춘문예(詩) · 1963년 自由文學(문학평론)으로 문단에 데뷔했고, 국제PEN한국본부 사무국장 및 이사, 한국문협 고문을 역임했다. 제9회 시문학상, 제3회 비평문학상, 펜문학상, 윤동주문학상 등을 수상했고, 한서대학교 교수 및 예술대학원장을 역임했으며 현재 월간『조선문학』발행인 겸 주간으로 있다. 중요 저서로는 시집에『귀로』,『사랑법』,『꽃시집』,『三行詩抄』Ⅰ~Ⅺ『諷詩調』,『박진환시전집』Ⅰ · Ⅱ · Ⅲ · Ⅳ · Ⅴ · Ⅵ · Ⅶ,『物神時代』Ⅰ · Ⅱ · Ⅲ · Ⅳ · Ⅴ,『동굴일지』Ⅰ · Ⅱ · Ⅲ · Ⅳ · Ⅴ,『2012년 8월』에서『2013년 7월』까지,『풍계집 · 1』에서『풍계집 · 25』까지 76권의 시집이 있고 평론집으로『한국현대시인론』,『현대시론』,『21C시학과 시법』등 다수와『한국시의 공간구조연구』,『21C 시학』,『시창작론』,『諷詩調詩學』외 다수의 역저가 있다.

•

조선문학시인선 389

諷詩調詩集 · 53

풍諷계戒집集 · 20

2014년 8월 20일 인쇄
2014년 8월 30일 발행

지은이 / 박진환
발행인 / 박진환
펴낸곳 / 조선문학사
등록번호 / 1-2733
주소 / 120-853 서울 서대문구 통일로 389(홍제동)
전화 / 02-730-2255
팩스 / 02-723-9373

ISBN 978-89-98115-79-1

정가 10,000원

※ 인지는 저자와 합의 하에 생략
※ 잘못된 책은 서점에서 교환해 드립니다.